BEI GRIN MACHT SICH IHR WISSEN BEZAHLT

Bibliografische Information der Deutschen Nationalbibliothek:

Die Deutsche Bibliothek verzeichnet diese Publikation in der Deutschen National-
bibliografie; detaillierte bibliografische Daten sind im Internet über http://dnb.d-
nb.de/ abrufbar.

Impressum:

Copyright © 2008 GRIN Verlag, Open Publishing GmbH
Druck und Bindung: Books on Demand GmbH, Norderstedt Germany
ISBN: 9783640600069

Dieses Buch bei GRIN:

http://www.grin.com/de/e-book/148753/kladderadatsch-der-am-besten-angepasste-
ueberlebt

Nils Marheinecke

"Kladderadatsch" – Der am besten angepasste überlebt

GRIN Verlag

GRIN - Your knowledge has value

Der GRIN Verlag publiziert seit 1998 wissenschaftliche Arbeiten von Studenten, Hochschullehrern und anderen Akademikern als eBook und gedrucktes Buch. Die Verlagswebsite www.grin.com ist die ideale Plattform zur Veröffentlichung von Hausarbeiten, Abschlussarbeiten, wissenschaftlichen Aufsätzen, Dissertationen und Fachbüchern.

Besuchen Sie uns im Internet:

http://www.grin.com/

http://www.facebook.com/grincom

http://www.twitter.com/grin_com

Universität Hamburg
Fachbereich Geschichtswissenschaft
Übung 54-08.247:
Zeitschriften der Weimarer Republik
Sommersemester 2008

Hausarbeit:

Kladderadatsch – Der am besten angepasste überlebt

vorgelegt am: 26.08.2008
Nils Marheinecke

Inhaltsverzeichnis

Einleitung

Das satirische Wochenblatt *Kladderadatsch*, das von Thomas Mann „für Jahrzehnte zum poli-tisch-literarischen Inventarstück der bürgerlichen Kultur Deutschlands"[1] deklariert wurde, machte in den nahezu 100 Jahren seines Bestehens eine große Wandlung durch. Welcher Art diese Wandlung war, wird hier untersucht – zuerst durch eine kurze Übersicht der Geschichte der Zeitschrift und anschließend anhand einiger Bilder als Beispiel. Daraufhin wird exempla-risch ein Gedicht der späteren Zeit untersucht, sodass zum Schluss Resümee über die beson-dere Entwicklung des *Kladderadatsch* und seine Quellentauglichkeit gezogen wird.

1. Die Entwicklung des *Kladderadatsch*

Als im Jahr 1848 die Pressezensur in Preußen aufgehoben wurde, entstanden, vor allem in Berlin, zahlreiche satirische Zeitschriften, von denen jedoch nur ein einziges Witzblatt die Konterrevolution überdauerte und dauerhaften Erfolg zu verzeichnen hatte – der *Kladdera-datsch*.[2] Vom 07.05.1848 bis zum 03.09.1944 erschien die Zeitschrift, die sich selbst anfäng-lich „Organ für und von Bummler"[3] nannte, nach den Angaben auf dem Titelblatt „täglich mit Ausnahme der Wochentage", was bereits auf der ersten Seite den satirischen Charakter des Blattes deutlich machte – gemeinsam mit dem grinsenden Jungengesicht, das bald zum Mar-kenzeichen der Zeitschrift avancierte.[4]

In seinen Anfangsjahren war der *Kladderadatsch* geprägt durch seinen jüdischen Gründer David Kalisch, seine ersten Mitarbeiter Ernst Dohm und Rudolf Löwenstein, sowie den Kari-katuristen Wilhelm Scholz, die durch ihre liberalen politischen Ansichten, Berliner Humor, jüdischen Witz und nicht zuletzt Scholz' erfolgreiche Karikaturen die Auflagen des Blattes bis 1972 auf 50.000 Stück steigern konnten.[5] Die bissigen Texte und Karikaturen waren an das liberale Bildungsbürgertum als Publikum gerichtet und deshalb oft ohne klassische Vor-bildung nicht zu verstehen, was dem Erfolg des Blattes allerdings keinen Abbruch tat.[6]

---

[1] Siebe 1995, S.33.
[2] Vgl. ebd. S.27, 29.
[3] Der Untertitel der Zeitschrift änderte sich mehrmals von „Organ für und von Bummler" über „humoristisch-satirisches Wocheblatt", bis der Untertitel schließlich ganz verschwand.
[4] Vgl. Effinger 2005.
[5] Ebd.
[6] Vgl. Siebe 1995, S.33.

In den folgenden Jahren verlor der *Kladderadatsch* seine unangepasste, liberale Haltung, wurde zusehends konservativer und verlor an Lesern aufgrund seiner fehlenden Modernität.[7] Die Zeitung unterstützte anti-sozialistische Gesetze wie auch solche gegen den Arbeiterschutz, bis sie 1909 durch einen Herausgeberwechsel eine nationalistische Haltung annahm, die sie bis zuletzt beibehielt und die sich z.b. in der Unterstützung der Kriegsvorbereitungen zum ersten Weltkrieg ausdrückte.[8]

Diese Haltung verschärfte sich weiter mit dem Verkauf des Blattes an die *Stinnes Company* im Jahr 1923, demselben Jahr, in dem Hitlers Putschversuch vom *Kladderadatsch* gelobt wurde.[9] Anfang der 30er Jahre wurde Hitlers Politik von der Zeitschrift unterstützt, Sozialdemokraten bekämpft und die Karikaturen immer antisemitischer, bis der *Kladderadatsch* kaum mehr von einem der anderen Propagandablätter des Dritten Reiches unterschieden werden konnte.[10]

2. Der Wandel der Zeitschrift in Bildern

Um die schrittweise Entwicklung vom liberalen Witzblatt zum Propagandaorgan der Nationalsozialisten, die der *Kladderadatsch* durchmachte, zu verdeutlichen, werden an dieser Stelle Bildbeispiele aus verschiedenen Perioden gegeben, wobei zunächst durch einige Bismarck-Karikaturen auf die Nationalisierung der Zeitschrift und später durch andere Bilder auf ihre Radikalisierung eingegangen wird.[11]

In *Abb. 1* aus dem Jahr 1863 wird der Reichskanzler noch in untertäniger Haltung als Dienstmädchen dargestellt – eine zutiefst respektlose Darstellung, die recht gut den spöttischen Ton beschreibt, in dem Bismarck in der Anfangszeit des Kladderadatsch in Wort und Bild Eingang findet.[12] Zwölf Jahre später hat sich das Verhältnis bereits spürbar gewandelt. Bismarck wird in *Abb. 2* als kluger Schachspieler im Kampf gegen die Vorrechte der katholischen Kirche gezeigt, dessen Truppen aus Paragraphen des Gesetzes bestehen. Gegen Ende des 19. Jahrhunderts schließlich ist Bismarck für den *Kladderadatsch* lange keine Witzfigur mehr, noch steht er auf gleicher Stufe mit anderen Menschen. *Abb. 3* zeigt ihn bereits hoch erhoben in würdiger Pose auf einem Streitwagen fahrend, während *Abb. 4* des gleichen Jahres ihn als Riese auf der Suche nach einem Nachfolger darstellt – wobei keiner der Kandidaten

---

[7] Vgl. Effinger 2005.
[8] Ebd.
[9] Ebd.
[10] Ebd.
[11] Die Bildquellen befinden sich im Anhang.
[12] Vgl. Effinger 2005.

groß genug für diese Aufgabe scheint. Aus einer Witzfigur wird das Vorbild einer ganzen Nation. Doch nicht nur im Verhältnis des Blattes zum Reichskanzler lassen sich zunehmende angepasste und nationalistische Tendenzen erkennen. 1918, kurz nach Beendigung des ersten Weltkrieges, machte sich der *Kladderadatsch* bereits über grundlegende Belastungen des neuen Deutschlands lustig: Das zur Ruhe gesetzte Heer, die fremdbestimmte Industrie und die neue West-Ausrichtung der Republik.[13] In dieser Karikatur werden die Deutschen noch selbst für ihren Zustand verantwortlich gemacht – ein Bild, das sich schnell wandelt. In *Abb.* 6 aus dem Jahr 1924 zumindest wird die „Kriegsschuldlüge" bereits voll vertreten und den Alliierten, die den ahnungslosen deutschen Michel betrügen, die Schuld an Deutschlands Zustand zugesprochen.

Die Bilder aus späteren Jahren gleichen mehr und mehr der nationalsozialistischen Propaganda. In *Abb.* 7 von 1930 wird – statt des gutmütigen deutschen Michel – Germania als Sinnbild Deutschlands verwendet, die sich viel von den Ergebnissen der Reichstagswahl verspricht, in der die rechten Parteien große Zuwächse verzeichnen konnten. Wirklich Humoristisches lässt sich in dieser Karikatur nicht mehr finden. *Abb.* 8 schließlich – Brunhilde im Stahlhelm blickt dem tosenden Krieg entgegen – lässt sich nur noch als stumpfe Kriegspropaganda bezeichnen, die mit Satire nicht mehr zu tun hat

3. „Sorge und Hoffnung"

Einen etwas detaillierteren Einblick in den späteren *Kladderadatsch* gewährt das Gedicht „Sorge und Hoffnung" aus dem Jahr 1924. Das Gedicht, das auf der Titelseite der Zeitschrift erschien, war eine Reaktion auf die bevorstehende Reichstagswahl am 5. Mai und beschreibt recht gut die Stellung der Zeitung zu diesem Thema.

Wie so oft im *Kladderadatsch* ist das Gedicht nicht namentlich gekennzeichnet[14], aber das Kürzel „P.W." lässt auf den damaligen Herausgeber Paul Warncke schließen. Warncke war laut Maria Effinger „stark nationalistisch" eingestellt[15], was bei der Interpretation des Gedichts auch berücksichtigt werden muss.

Die Wahlen vom 5. Mai standen noch nicht unter den Einflüssen der Stabilisierung des Jahres 1924, sondern waren noch von den Ereignissen und Entwicklungen der Vorjahre ge-

---

[13] Vgl. *Abb. 5.*
[14] Vgl. Siebe 1995, S.28.
[15] Effinger 2005.

zeichnet.[16] Auf innenpolitischer Ebene bedeutete das die zunehmende Politikmüdigkeit der Wähler, die unter Anderem durch die Regierungsweise durch Ermächtigungsgesetze und die endgültige Anerkennung des Versailler Vertrages durch den *Dawes Plan* hervorgerufen wurde.[17] Dieses fehlende Vertrauen in die Regierung tritt auch in dem Gedicht deutlich zutage, das von der immensen Anzahl an aufgestellten Wahllisten handelt und diese Tatsache ironisch überspitzt.

„Eins drückt das Herz mir gar zu sehr"(V.1) beginnt die erste Strophe, die genau wie die zweite die ungeheure Last beschreibt und in aller Länge ausführt, die auf dem lyrischen Ich liegt: „Nur dreiundzwanzig Reichswahllisten/ Sind für den Reichstag aufgestellt!"(V.7/8). Das postulierte Übel gehe sogar so weit, dass, aufgrund der zu erwartenden Entwicklung, in Zukunft „mit Volk und Vaterland [...] unfehlbar Schluss"(V.11/12) sei. D

Gleichsam ironisch die dritte Strophe, die 23 Parteien als viel zu wenig überspitzt:

> Es sind doch Sechzig Millionen,
> So mein´ ich, die den deutschen Bau,
> Das schöne, deutsche Land bewohnen
> Ich sehe alles grau in grau! (V.21-24)

Auffällig hieran ist vor allem die Verwendung des Wortes „Bau", das umgangssprachlich gleichbedeutend mit „Gefängnis" ist, was den Deutschen einen Gefangenenstatus unterstellt und Ausdruck für die gefühlte Knechtschaft durch den Versailler Vertrag sein könnte.

Weitere Indizien für die unterschwelligen Aussagen des Gedichtes finden sich gehäuft in der nächsten Strophe, die einen Aufruf zu handeln an das deutsche Volk darstellt und deutliche Aussagen über das Parlament trifft. So wird behauptet: „Es wird erst dann mit Deutschland gut/ Wenn endlich, endlich euch es tagt!"(V.27/28), was dem Parlament unterstellt, nicht im Sinne der Bevölkerung zu handeln. Auch die Qualitäten, die Menschen brauchen, um Parlamentarier zu werden, werden mit „Gesäß und Mund"(V.32) definiert, was dem Parlament zusätzlich unterstellt, faul und geschwätzig zu sein, wobei diese Eigenschaften als einzig relevant dargestellt werden. Gleichzeitig wird damit die Behauptung aufgestellt, man bräuchte keinerlei Qualifikation für diesen Beruf.

Die letzte Strophe schließlich geht mit dem Parlament ins Gericht. Das Volk wird aufgefordert: „Und macht mit eurem Parlament/ Doch endlich einmal reinen Tisch"(V.34/35), was in der Konsequenz gleichbedeutend mit der Abschaffung des Parlaments ist, da die genannten Probleme mit dem Parlament viererlei sind: Es vertritt das Volk nicht, es handelt nicht im

---

[16] Vgl. Sturm 2008.
[17] Vgl. ebd.

Sinne des Volkes, es ist faul und geschwätzig und kann jederzeit durch beliebige Menschen ersetzt werden.

Zusammenfassend lässt sich zu dem Gedicht sagen, dass es durchaus einen humoristischen Anspruch besitzt, der jedoch nichts mehr mit den vielen Anspielungen auf klassische Werke aus früheren Ausgaben gemein hat, sondern eher einen völkischen Ton beinhaltet, der den Nerv der Zeit trifft. Der Inhalt des Gedichts ist eine relativ plumpe und massentaugliche Beleidigung und Ablehnung des Parlamentarismus, deren Ernsthaftigkeit jedoch gut vom lockeren Ton des Gedichts überspielt wird. Damit ist „Sorge und Hoffnung" ein gutes Beispiel für den *Kladderadatsch* der 1920er Jahre, der zwar noch seinem Anspruch als Satireblatt gerecht wird, dabei aber politisch weiter in nationalistische und anti-demokratische Inhalte verfällt.

4. Besonderheiten des *Kladderadatsch*

Der *Kladderadatsch* hat, wie eingangs bereits erwähnt, alle anderen Satirezeitschriften seiner Zeit überlebt; Ein Umstand, der zum einen auf die große Beliebtheit des Blattes und zum anderen auf seine Anpassungsfähigkeit in der Geschichte zurückzuführen ist.[18] Diese Fähigkeit zur Anpassung an die jeweilige politische Situation, die bereits Ende des 19. Jahrhunderts begann, macht den *Kladderadatsch* zu einem verwendbaren Spiegel der Ansichten eines großen Teils des Bildungsbürgertums des Kaiserreichs und der Weimarer Republik.

Eben diese Anpassungsfähigkeit führte auch dazu, dass die Zeitschrift langsam ihren Humor im Austausch für eine nationalistischere Färbung einbüßte und schlussendlich ihre jüdischen Wurzeln verleugnete und sich die Karikaturen und Hetztexte, die zum Ende hin im *Kladderadatsch* zu finden sind, kaum mehr von denen jedes anderen Blattes des Dritten Reiches unterscheiden, was zur Auflösung des Blattes beitrug.

Wenn der Kladderadatsch also als Quelle verwendet wird, gilt die Entwicklung des Blattes zu beachten: In der Anfangszeit muss der Färbung durch liberales Gedankengut, in späteren Zeiten der Färbung durch nationales, nationalistisches und schließlich rassistisches Gedankengut Aufmerksamkeit geschenkt werden.

---

[18] Vgl. Siebe 1995, S.29.

Literaturverzeichnis

Effinger, Maria: Kladderadatsch (1848-1944) – digital, in: http://www.ub.uni-heidelberg.de/helios/digi/kladderadatsch_info.html, letzte Aktualisierung am 09.05.2005.

Siebe, Michaele: Von der Revolution zum nationalen Feindbild. Frankreich und Deutschland in der politischen Karikatur des 19. Jahrhunderts, Münster/ Hamburg 1995.

Sturm, Reinhard: Zwischen Festigung und Gefährdung. 1924-1929, in: http://www.bpb.de/publikationen/7CHO4S,0,0,Zwischen_Festigung_und_Gef%E4hrdung_19 241929.html#art0, letzter Zugriff am 20.08.2008, 22:00.

Warncke, Paul: Sorge und Hoffnung, in: Kladderadatsch, Ausgabe vom 04.05.1924.

Anhang: Bildquellen

Abb. 1: Kladderadatsch 10.05.1863   Abb. 2: Kladderadatsch 15.05.1875

Abb. 3: Bismarck-Album des Kladderadatsch 1890   Abb. 4: Bismarck-Album des Kladderadatsch 1890

Abb. 5: Kladderadatsch 03.11.1918   Abb. 6: Kladderadatsch 06.07.1924

Abb. 7: Kladderadatsch 28.09.1930   Abb. 8: Kladderadatsch 12.02.1933